JN411630

나리꽃과 해바라기

多聖 김해민 시집

시와
사람

나리꽃과 해바라기

2023년 11월 11일 인쇄
2023년 11월 15일 발행

지은이 김해민

펴낸이 강경호 편집장 강나루 디자인 정찬애
펴낸곳 도서출판 시와사람
등록 1994년 6월 10일 제 05-01-0155호
주소 광주시 동구 양림로 119번길 21-1(학동)
전화 (062)224-5319 E-mail jcapoet@hanmail.net

ISBN 978-89-5665-701-1 03810

· 잘못된 책은 구입하신 서점에서 바꾸어 드립니다.
· 값은 표지에 있습니다.

이 도서의 국립중앙도서관 출판예정도서목록(CIP)은
서지정보유통지원시스템 홈페이지(http://seoji.nl.go.kr)와
국가자료종합목록 구축시스템(http://kolis-net.nl.go.kr)에서
이용할 수 있습니다.

나리꽃과 해바라기

시인의 말

부모의 불화로 심적 고통을 겪으면서
사춘기 시절의 방황을 붙잡고 싶은 소녀가
시를 가득 품은 편지를 보내기 시작하였습니다.
그녀의 필명은 '나리꽃'
수신인은 '해바라기'
60통이 넘는 편지를 소중히 보관하였고
가슴에 와 닿았던 그녀의 시적 감수성을 생각하며
첫 시집의 제목을 '나리꽃과 해바라기'라 정하였습니다.
첫 시집이 나오도록 이끌어주신
강성남 담양문화원장님
장정모 담양문인협회장님
「시와사람」 강경호 한국문인협회 평론분과회장님께
진심으로 감사드립니다.
자연을 품는 시인이 되도록 노력하겠습니다.

2023년 깊어가는 가을에
多聖

나리꽃과 해바라기 _ 차례

1부 대나무의 속삭임

2부 고하도 일몰

3부 삼십의 비희

4부 홍일점

1부

대나무의 속삭임

가로등

백주에
아스팔트 도로 위
검은 그림자가
마른 장승처럼 나타난다
일정한 간격으로 줄지어
거의 움직임 없이 서 있다
듬성듬성 구름 낀 날
숨바꼭질하다가
일란성 다둥이들이
잘 생겼다고 타시락거린다
아무리 보아도
차이를 발견할 수 없지만
햇빛 반대 방향으로 맞서면서
해가 지기를 기다리며
무료하고 뻘쭘하게
참고 있는 모습이 안쓰러워
모두에게
더 멋있다고 속삭였다

공중전화부스

한때 사람들이
무한한 애정으로 드나들던 곳
문명의 피해를 비켜가지 못해
젊은 세대는 관심 없고
드나들던 사람들도 무관심한
존재 자체가 궁금한 구조물

이제는 추억의 장소
사랑하고 미워하는 사람에게
속삭이거나 가슴을 쓸어내리던
혼자만의 공간
현금 지갑 소중한 물건
전화기 위에 올려놓았다가
잃어버려 마음이 서운했던

공중전화부스는
현재가 아닌 과거형

교무수첩

삼십 년 넘긴 세월
삼십 권 넘는 수첩
담임한 학급의 수백 인물 사진

아무거나 추켜들고 펼치며
눈과 눈이 마주치는 반가움
저 멀리 펼쳐지는 기쁨의 파노라마
챠밍보이 외치며 환호하던 몸짓

어쩌다가 나타나는
가위표 되어 있는 사진
끝까지 책임있게 붙잡지 못하고
떠나보낸 자책에 솟아나는 안타까움

수첩 뒤편에
꿈과 희망의 수많은 이름과
얼굴이 어른거리는 추억들
귀에 맴도는 인기투표 일위

교무수첩은
삶의 증인 나의 동반자

구절초

가을 언덕에
흰 국화가 가득하다

바람에
앙증맞은 구절초 군무
수줍은 듯 고개를 돌린다

여름을 견디고
마디 마디 아홉 마디에 이르러
상큼한 향을 피워낸다

한쪽 귀퉁이 연보라색 구절초
나를 보아주세요 말하는 듯
애잔하게 간들거린다

군자란

수선화이면서도
고귀하고 우아하여
난이라 이름 붙여진 꽃

먼 아프리카에서
동양의 이국땅까지 와
무한하게 받은 사랑

쭉쭉 뻗어있는
청초한 잎만 보아도
마음이 차분하고 여유로워지는데

긴 꽃대 끝에
여러 송이 피어나
나른한 봄날을 달래주는 화사한 꽃

스치기라도 하여
예쁜 꽃잎 다칠세라
조심스레 정성스레 다가서는 물줄기

군자란은
봄이 아닌 계절의 이름
꽃이 피어있는 봄날엔 황후란

대나무의 속삭임

푸른 등불 같은 죽순
대나무가 되겠다는 일념으로
마디마디 이어가는
저 푸른 꿋꿋함

삶에 지친 사람들 위해
음식으로 다시 태어나는 것도
죽순의 숙명이거늘
한 번의 울림조차 없는 침묵

주변의 시선
애써 외면하며 이어 높이는 마디
죽순의 이름 벗어 던지고
대나무가 되어서야 갖는 여유

불어오는 바람
날려 오는 나지막한 소리
대나무로 변신하는 죽순처럼
지조있게 살라는 속삭임

등나무

꽃과 나무들이
화사함을 뽐내는 봄날
눈 밖에 벗어나 메롱스럽게 있다가
작렬하는 폭염에
무더위를 머리로 뿌리치며
바람만 출입시키는 그늘 제작 전문가

땅에서만 놀아도 될텐데
수직으로 성장해도 될텐데
길 없는 공중에 길을 내며
몸 뒤트는 고통을 참는 일생

겨울의 추위에
거죽만 남은 모습이지만
눈송이 살포시 내려앉으면
맑고 깨끗한 한 폭의 수채화

메타세쿼이아

난쟁이 나라 온 걸리버를
거인 나라로 착각하게 하는
하늘 향한 솟구침

꽃말, 영원한 친구
거대하고 당당한 모습일지라도
친근하게 너라고 부르고 싶은데
혀끝까지 나오는 말을 삼키게 하는
또 하나의 꽃말, 위엄

반듯이 쭉 뻗은 자태는
소나무의 고절함을 넘어서고
대나무와 견줄 수 있는 절개와 아름다움

사계절 내내 도도함을 간직하면서도
신록과 적갈색으로 변신하며
마음 편하게 곁을 내주는 친구

메타세쿼이아
- 봄

청명한 밤마다
별들이 내려와
숲의 정령과 사랑으로 잉태하여
가지 속에 배어있는 싹

봄비에
돋아나는 연둣빛 솜털
하루하루 짙어가는 신록

산수유, 개나리의 노랑
세상 색칠하기
연두색이 더해져
완성되는 자연

메타세쿼이아
– 여름

한 여름의 태양 빛은
메타가 즐겨하는 점심 식단

무자비한 햇살이
심술부리며 내려가지 못하게
무겁고 뜨거운 열기 폭풍 흡입

우거진 신록의 그늘과 시원함으로
폭염에 찌든 사람들을 웃게 만드는
넉넉하게 펼쳐진 높은 양산

길 양쪽에 도열하면
하늘을 가린 멋진 녹색터널
벗어나고 싶지 않는 숲의 미궁

메타세쿼이아
- 가을

침엽수지만
낙엽을 만들어 내는 마술사

빨간 벽돌을 으깨어
찬 서리로 물감을 만들고서
한 바늘 한 바늘 정성스레 들이는 물

떨어지는 갈색 바늘
머리에 어깨에 이고 지었는데
따갑지도 무겁지도 않는 얌전이

겨울을 재촉하는 바람
우수수 실려 내려와 만든
레드카펫

메타세쿼이아
- 겨울

앙상한 골격이지만
높이 솟은 것만으로도
부러움을 주는 젊음의 우상

눈길을 받지 못함에도
개의치 않는 의젓한 자태
가지만 있는 모습도 아름답다

한파에 웅크리다가
눈옷을 입으니
동화 속 설국의 신비한 나무요정

차갑고 매서운 바람
폭설 속에서도
의젓한 사내

물레방아

맑은 물
함께 하고 싶은데
머무를 시간도 없이
밀려오는 물결

차오르는 공간
돌지 않으면
죽은 목숨이어서
아픈 마음 감추며
매정하게 내려놓아야 하는,

먼 훗날
다시 만날 기약만 했어도
안타까움이 덜 하련만
만나자마자 헤어지는 숙명

산수유

봄 세상은
노란색 하나로
아름다움을 표현하기에 충분하다

길가의 개나리만 보아도
가슴 설레는데
온 세상을 뒤덮은 산수유 꽃빛에
사람은 관심의 대상이 아니다

보고 또 다시 보고
눈 깜박이지 않고 계속 보아도
질리지 않는
유혹적인 주술사

서서히 달궈지는 햇빛
벗어 던지는 노랑저고리
산수유의 계절은
초록 열매의 여름도 있다

더 강렬해진 한 여름의 태양
빨강으로 변신한 초록 열매
산수유는 색채의 마술사

안경

언제부터인가
얼굴의 한 부분 되어
콧등에 두 다리 올리니
눌리고 찌그러지는 콧살
귀에 걸어야 행세할 수 있어
관자놀이 억누르는 갈고리

차가운 날 습기차고
보관하기도 어렵지만
스치는 잔가지 막아주고
흐릿한 세상 뚜렷하게 보여주는
지고지순한 재능 때문에
동행하고 싶은 미운 오리새끼

우산

오래 함께하고 싶어도
비가 그치면
존재를 잊어버리는
야속한 사람

찾으러 올 것이라는
막연한 기대에 지쳐
버림받은 강아지
새 가족 기다리듯이
소나기 쏟아부을 때
기다려지는 새 가족

언제라도 헤어질 수 있기에
마음의 준비를 굳게 하는데
잘 보이는 곳에 두면서
오랫동안 이어지는 인연

자전거

나약하여
혼자서 제대로 서지 못하고
잡아 주어야 의지하며 버틴다
가느다란 뼈대로
몸무게 이겨내며
빠르게 길을 간다

두 개의 동그란 바퀴
앞서가며 기미상궁이 되고
따라오며 내시가 되어준다
좁은 골목 울퉁불퉁한 산길
트인 들판을 가로질러 나아가는 것이
우리네 인생을 닮았다

진공청소기

게으른 주인 만나면
구석에 멋쩍게 서있다

깔끔한 주인 만나면
중노동이다

다양한 메뉴
먼지 미세먼지 머리카락 쪼가리

재수 없는 날
사람들이 욕심내는 동전까지
폭풍 흡입하는 게 운명이다

코스모스

곁에 두고 싶어도
길가에 있어야 아름답기에
멀리서 바라만 보는 사랑

분홍 드레스 입은 소녀
빨간 원피스 입은 소녀
하얀 저고리 입은 소녀

한들한들거리는 수줍은 순정
간들거리면서도 말못하는 순애보

가을 햇살이 되어
너의 볼 만지고 싶다
부드러운 바람이 되어
가냘픈 너와 춤추고 싶다

폐타이어

새것이었을 때
참신하다는 눈길 받았는데
이리저리 굴러다니며
닳아지고 쭈글쭈글해지니
인간도 그러하듯이
갈 때가 되었구나

많은 형제들은
형체도 없이 길에서 없어지는데
늙은 모습 그대로
안전 보호용으로 선발되니
비바람과 함께 하다가
먼 훗날 자연 속으로 사라지리라

2부

고하도 일몰

가마골 용소

계곡에 뻗어있는
구불구불한 공간을 품고
단아하고 기품있게 자리 잡은 소沼
쉽게 보이는 바위를 숨기고
아무것도 없다는 듯
담아둔 짙은 푸르름

삼백오십 리 영산강의 출발선
두려워하지 않는 긴 여정
담담하고 조용하게 내보내는 줄기
한때 이 골짜기에서 벌어진
민족상잔의 아픔을
깊숙이 간직하고
잔잔한 모습으로 맞아주는 평온

시작은 옹달샘이지만
마침내 거대한 강물이 되는

고하도 일몰

멀리 유달산 서석대
대롱대롱 높이 떠 있는 청사초롱 은초롱
날마다 승천을 꿈꾸는
바다에 엎드린 용 한 마리

데크길 따라 섬 주변을 돌아
길쭉하게 뻗어 있는 산길 재촉할 때
바다 위에 나타난
둥글고 빨간 여의주

용이 물려다가
은빛 바다가
야금야금 삼키면서 보여주는
신비로운 광경에 홀려
그저 바라만 본다

어둠 속에서 후회하며
내일은 먼저 물겠다고 다짐하면서도
하늘로 올라가면
장엄한 자연을 잃게 되는 고뇌의 섬.

관방제림 노거목老巨木

수 백년 세월 살았지만
지팡이에 의지하고
베풀 일이 아직 남아
더 살겠다는 노거목

개체 수에 맞춘 서열
푸조나무 느티나무 팽나무
드문드문 벚나무 엄나무 개서어나무

독특한 이름 자랑하고 싶어
평나무라 부르지 말라는 푸조
이름 더 알려져 우쭐대는 느티나무
푸조에 둘러싸여도 당당한 54번 팽나무

수해와 바람 막아주고
아름다운 경관 보여주며
더위와 마음 식혀주는 팔방미인들

금성산 연동사

세상을 담을듯한
기암절벽의 큰 눈을 뒤에 두고
자연과 인간과 함께하겠다는 노천법당

담백하면서도 안정적인
백제 예술을 담은 삼층석탑
추성주楸城酒를 빚어
부처님 사랑을 보여주며
고려인의 연꽃으로 단장한 지장보살
사찰로 가는 계곡에
정유재란 의병의 영혼이
구름같은 향불 연기 속에 맴도는 이천골
도술로 정의 세우는 전설 품고
현세의 소망을 빌어주는 전우치 동굴법당

시간이 흐르고 나라가 바뀌어도
변치 않고 소담스럽게 자리 지키는 천년사찰

득량만得糧灣

고만고만한 섬들
시나브로
잠겨가는 갯벌
숨이 가빠질 때
생명수 되는 고동의 낙원

식량 얻기가 수월해
충무공을 도와 나라를 지킨
애국의 물결이 묻어나가는,

물가 대나무 두 가지
어느 무속인이
영험을 바라며 꽂아 두었는지
욕심쟁이 인간이
자연의 아름다움을 질투한 건지

간장게장 한 접시에
푸근해진 마음을 담고 바라보면
넉넉한 가슴을 가진
저 무량의 바다

물 위의 정원

순천 동천에 들어선
자연과 사람이 함께하는 정원

루미오와 뚱리엣이
한가롭게 쉬고 있을 때
꽃과 잎으로 단장하고
미소 지으며 화답하는 두 커피 잔

일백구십육 나라의 사람들이
인종차별 없는 자연의 부분이 되는
롤러코스터 모양의 구불구불한 벤치

하얀 유람선이 지나가고
오렌지색 유람선이 다가오니
세워진 관 속의 춤추는 물고기
바람에 맞추어 함께 춤추는 야자수

여기저기 떠 있는
예쁜 꽃 가득 실은 배
찾아온 사람의 마음도 실어주며
깊이 전해주는 삶의 여유

물염정勿染亭

기품과 평온함이 배어있는
김삿갓이 지키고 있는,

단아한 자세로 앉아
물 건너
소나무 숲 속 깊은 계곡에서 들려올 것 같은
방랑시인 시 읊조리는 소리

물염적벽의 기암절벽
절애의 경치를 바라보니
사랑하는 사람들의 스쳐가는 실루엣

살랑대는 봄바람에
시 한 구절 두 구절 떠올리며
탁주 한 사발 들이켜니
별거 아닌 신선놀음

방랑시인에게 잔 권하며
주거니 받거니 벌게지는 시 구절
속세의 부귀영화 부질없으니
세속에 물들지 않으리라

빛길

무등과 추월을 이어주는
국도 이십구호선 광주-담양 길

매끄럽게 빛나는
쭉쭉 뻗은 도로를 달릴 때
가슴으로 만나는 빛고을과 담빛

차창 밖으로
지칠 줄 모르게 스쳐 가는
순수한 자연을 노래하는 수채화

광주의 한을
포근함으로 감싸며
곧게 자란 대나무와 함께하는 담양

국도 이십구호선
담빛과 빛고을을 맺어주는 중매쟁이

상월정上月亭 가는 길

담양 오방길 푸른 길
슬로시티 돌담길 돌아
극락 남극루 거쳐 상월정 가는 길

늦가을 정취 풍기는 숲속에
하얀 취꽃이 앙증맞게 수줍어하고
이삭여뀌, 물봉선, 고마리꽃이
예쁜 꽃 피었던 여름을 기억하라며 눈웃음친다

길 건너편 숲속에 우뚝 서 있는
노거수 홍송, 천년 송이 반기는
그 옛날 대자암이 세워질 때부터 지켜온
켜켜이 뻗은 천년 세월 우뚝하다

숲속의 서어나무 군락이
몸매를 뽐내고 있을 때
거목으로 자란 모과나무가
살며시 열매를 떨어뜨려 놓고
향기를 뿜으며 사람들을 유혹한다

수채화처럼 은은하고
화려한 단풍을 자랑하는 용트림 단풍나무가
자신은 공작의 꼬리처럼 화사하다고 자랑하면서
내년에 다시 오고 싶도록 주술을 걸며
비경에 취해 정자에 들어서게 한다

싸목싸목길

담양의 동쪽 오방길
칠천이백 미터 느리고 푸른 길
학문을 연마하며 애국을 생각하는 길

고풍스런 창평현청 지나
발걸음 놓으며 돌담길 돌아서니
눈앞에 나타나는 장수長壽 남극루

논밭을 친구삼아
시흥 돋우며 산길로 접어들 때
월봉산 맑은 물에 토하를 키우는
아담한 용운저수지

천년송과 서어나무의 우쭐거림
모과나무와 단풍나무의 환한 미소에
선조들의 학문애愛 기억하라며
반갑게 맞아주는 상월정

왜구에 분개하여
조상의 피를 이어받아
분연히 일어선 고광순 의사의 포의사

싸목싸목길
학문, 인생, 애국 생각하며
한눈 팔면서 세상사 잊고 걷는 길

여수 장도

조그마하지만
길게 뻗어서 붙여진
진섬 장도獐島

뭍과의 인연을 이어갈지
계속되는 혼돈을 잠재워 준
잠수교 진섬다리

둘레길 돌며 마주치는
망마산 선소대교 소호해변
어디를 보아도 터져 나오는 감탄

먼 옛날부터 웅크리던
섬이 간직한 기운 머금은
아름다운 작품 간직한
진섬 장도

오월 단오제

창포수로 머리 감아
소담하고 윤기나는 머리카락
흐트러진 마음을 다잡은
투호 던지기

얼음물 제호탕 단호박 식혜
물러가는 더위와 풀어지는 갈증
치자 주먹밥 먹으니
배도 채워지고 좋아지는 건강

음악과 춤이 어우러져
화합의 마당을 보여주는 난타
나뭇가지 사이에 돌을 끼워
풍년을 바라는 대추나무 시집보내기

오월 단오제는
마음과 몸을 다독여주는 국보 문화재

원림園林찬가 1

글만 읽으면 되는데
정자만 있으면 되는데
주변에 펼쳐진 멋진 숲의 정원

관직을 벗어나 은거하면서
예쁜 꽃무릇 무리를 벗 삼은
사촌(沙村) 김윤제의 환벽당(環碧堂)

노송과 배롱나무가 아름다워
장인(丈人)을 위해 지은
서하(棲霞) 김성원의 식영정(息影亭)

사촌(沙村) 스승님을 존경하고
사형(師兄) 서하(棲霞)를 흠모하여
창계천 무지개다리 오가며
별뫼[星山] 주변의 아름다운 경치와
밤하늘에 떠 있는 별을 노래하면서
성산별곡(星山別曲)을 지은 송강(松江)

정성들인 후학 양성
아름다운 숲과 나무와 꽃이 만든
스승과 제자의 애틋한 정

원림園林찬가 2

세상이 어지러울지라도
숲과 아름다운 꽃이 있으니
어찌 시흥이 일지 않겠는가

권필과 김덕령의 취가정(醉歌亭)
숲 바라보며 술잔 권하고
시 몇 수 주고받으니
달래지는 원혼

두 나라를 섬길 수 없는 충절
원림에 둘러싸여 은거하면서
선비의 고결한 뜻을 후세에 전하는
전신민(全新民)의 독수정(獨守亭)

스승을 추모하는 숭고함
깨끗하고 시원한 숲과 계곡에 은거하며
현실을 도피하고 자연을 노래한
양산보(梁山甫)의 소쇄원(瀟灑園)

세속의 고통이 깊지만
나무와 꽃과 아름다운 정원이 있어
이겨낸 은거의 세월

원림園林찬가 3

학문이 깊은 선비
주변의 경치가 아름다워
발길이 떨어지지 않아 눌러앉은
계월당溪月堂의 관수정觀水亭

정철의 송강정松江亭
대사헌의 자리 팽개치고
노송과 참대에 둘러싸여 있으니
절로 나오는 사미인곡思美人曲

배롱나무와 붉은 소나무
옥이 부딪치는 듯한 물소리
네모난 연못 주변의 아름다운 꽃들
오이정의 명옥헌鳴玉軒

주변의 숲과 산수의 아름다움
퇴계退溪도 탄복하여
노래하며 학문을 함께하였던
송순宋純의 면앙정俛仰亭

자연의 나무들이 이렇게도 멋있고
정원의 꽃이 이리도 예쁠까
흥얼대지 않고서는 견딜 수 없어
한없이 읊어지는 선비들의 노래

죽녹원竹綠園

대나무골이라 말할 수 없는
자연스러움과 꾸밈의 거대한 조화

운수대통길에 접어드니
죽순과 대나무 열리는 소리
장엄한 클래식 오케스트라
마음에 전해지는 환영교향곡

심신을 달래주는 족욕
죽로차 한 잔에 느긋해진 여유
가까이 다가오는
대나무 대나무 대나무
새겨보는 지조와 인내 그리고 절개

봉황루 앞에 펼쳐지는
아름다움과 감성의 자연
이 길 저 길 여덟 길의 매력에
가슴 깊은 곳에서 흘러나오는 시와 노래

천은사泉隱寺의 봄

한가로운 산사
고결하고 기품있는 매화
귀여운 꽃 머금은 애기동백
화사함으로 유혹하는 홍매화
가을을 기다리는 은행나무

둘레길 누림길
새순 돋아나는 녹차나무
데크길 따라 피어나는 진달래
마음의 무거움을 덜어주는 해탈교

나무가 물을 향해 인사하니
물결이 햇빛을 머금어
은빛별을 쏟아내며 반짝이다가
언제 그랬냐는 듯 금세 새침데기

따사로운 봄 내음
벽공의 푸른 하늘
다가오는 뭉게구름
봄이 가을 여름과 함께 하며
자연의 질서를 흔드는 조화

화엄사 정오의 종소리

정오를 알리는
산사에 울려 퍼지는 종소리
정~~~ 저 ~ 어 ~ ㅇ ~

뱃속이 허전하니
공~~~ 고 ~ 오 ~ ㅇ ~
점심 공양 시간임을 알리노라

구경에 들떠있는 관람객이여
경~~~ 겨 ~ 어 ~ ㅇ ~
산사에서 경건함을 갖추어라

아무 생각 없이 헤매는 중생이여
덩~~~ 더 ~ 어 ~ ㅇ ~
경내에 세속의 업보를 흘리지 말거라

배부르게 점심 먹은 사람들이여
궁 ~~~ 구 ~ 우 ~ ㅇ ~
궁핍했던 시절 기억하며 구휼에 힘써라

수행에 정진하는 수도승이여
홍~~~ 호 ~ 오 ~ ㅇ ~
화사한 홍매화의 유혹을 견뎌내거라

화엄사 정오 종소리는
자연을 깨우치는 울림보살

환벽당 꽃무릇

하염없이 보게 되는 꽃
담장 너머 다시 보는 꽃무리

사촌(沙村) 스승의 꾸지람에
의기소침하다가도
정원을 뒤덮고 있는 꽃세상에
마음 추스르고 정진하였을 서생

잎이 시들어야 꽃이 피니
함께 할 수 없는 운명에
서로를 향한 가득한 그리움

바라만 보아도 가슴 뛰니
참사랑이라 부를까
너무 아름다워 다가설 수 없으니
이룰 수 없는 사랑이라 말할까

발길 돌려도 가슴에서 떠나지 않는
그녀 이름은 꽃무릇

4월의 회산 백련지

연못 위 길 따라
물결에 밀리고 짓뭉개져
볼품없는 가지 썩어가는 연뿌리

부끄럼도 미안함도 없는 것은
여기저기 반짝이는 은빛 물결과
한여름의 화려함 때문이리니

반겨주는 마스코트 왕눈이 아로미
그들이 이루었던 해피엔딩
함께하자며 짓고 있는 희망의 미소

108출렁다리 흔들며 백팔번뇌
108배를 망설이는 중생들
마음을 덜어주는 고승들의 법어

회산 백련지의 4월
극락천

3부

삼십의 비희

동그라미

완전체라고 하지만
동의할 수 없는 것은
사방이 막혀있어 소통할 수 없으니

대충해도 모양을 갖추는
다른 도형들과 비교할 때
마음에 들게 그리기 어려운 형태

둥근 세상을 위하여
세모 네모와 경쟁하면서
X와 대립각을 세우는 존재

모나지 않고 둥글둥글하게
세상을 긍정적으로 살고자하는
내 마음의 상징

버스킹

부담 갖지 마시고
자리만 채워주면 되요
맥이 풀리는 건
관객이 없을 때이니까요

멋있게 노래하려 해요
마음에 들지 않더라도
박수치고 소리쳐주면
더 잘 할 수 있을거에요

흥이 나면
함께 노래하면서
마음껏 몸 흔들며 춤추세요
다른 사람들도 즐거워 할거에요

인생 별거 있나요
때로 노래 부르고 춤추며
자연과 친구하면 그만이지요

보름달

밤하늘에
금빛 모양의 동그란 마음
한 달 내내 시나브로 변하다가
푸근함과 풍요로움 주는 보름달

마음껏 담을 수 있는 과거의 추억
사랑했던 사람들의 모습이
주마등처럼 나타나 지나치고
오랫동안 자리 잡은 한 사람의 얼굴

잠시나마 모든 것을 잊고
넉넉함과 희망을 갖게 하고 싶어
구름에게
한 달에 하루는 헤어지자 청하는 마음

상현이거나 하현일 때
아랑곳 하지 않고 버젓이 행동하면서
밝은 달이 비출 땐
착한 마음을 끄집어내려 애쓰는 인간들

날마다 우리 마음에 보름달이 뜬다면
세상은 더욱 아름답고 사랑스러워지려니

비

비가 내린다고 말하지만
비는 내리는 것만이 아니다
인간이 만들어 낸 표현일 뿐
적도 아래에서는 비가 올라온다

내리건 올라오건
하늘 공간에서 육지를 향해 움직인다
변화 없는 평평한 모습이 싫어
더 넓은 장소로 가지 않고
울퉁불퉁한 산 출렁대는 바다를 찾는다

다양한 생명체를 만나
웃고 울게 하면서 스쳐 지나간다
눈가에 물이 맺혀 있을 때
눈물인지 빗물인지 혼동시키는 비는
감정 위장 전문가이다

비오는 날

그어지는 수 많은 선
바람에 출렁이며 춤추는 사선

비오는 날은 우雨요일
비에 젖고 감성에 젖고
과거 현재 미래에 젖는다

희미한 안개비 속에
아름다운 과거를 떠올리고
가냘픈 이슬비 보슬비 맞으며
즐거운 현재를 생각하면서
가랑비에 옷 젖으며
행복한 미래를 꿈꾼다

갑작스런 소나기
현란한 무대조명과 배경음악으로
길거리 사람들을 연출한다

비오는 날은
모두가 시인 사상가 예술가 연기자

새 소리

어떤 새가 먼저 울자
약속이나 한 듯
다른 새들이 사납게 따라 운다
짝짓기 상대를 찾는지
맹금 있다 알리는지
더 크게 지저귄다
소란스러우면서도
정감이 다가온다
힘주어 소리 높이는
다른 목적도 있는 듯

해가 자빠진다
소리도 따라 눕는다

30의 비희悲喜

정월부터 관심이 옮겨 간다
31이 뒤에 달라붙었다
사람들은 마지막 날에 애정을 쏟는다
앞으로도 몇 번 더 그럴건데 슬프다

둘째 달은 아예 없다
존재의 이유조차 생각할 수 없다
달력 발명자가 얄밉다
31일은 조용하다
불평하지 않는 게 신기하다

삼월에 개학하고 나니
31일이 고맙다
꼴찌를 면하게 되었다
연초에 가졌던 불만이 머쓱해진다

곰곰 생각해보니
31일은 일곱 번만 보이는데
나는 열한 번이나 등장한다
더 중요한 존재라 느껴지니 으쓱해진다
행복은 멀리 있는 것이 아니다

십이월이 되어서야
31일이 무게 잡는 이유를 알았다
일 년의 마지막 날을 차지하기 때문이다

술래잡기

해가 나타난다
가로등이 뻘쭘하고
달빛이 이상하고
별들의 존재가 의심스럽다
태양없는 세상은 상상할 수 없지만
해가 숨어야 사는 것도 있다

산이 해를 넘긴다
해가 바다에 잠긴다
가로등이 나타나고
달이 빛을 받으며 흘러가고
별들이 자기 색을 반사하기 시작한다
모두 술래가 되어 태양을 숨긴다

술잔

막걸리 동동주는
사발에 마셔야 제맛
주선酒仙에게
양푼 내주거라

이 주당酒黨은 소주파
종지 여럿 대령하렸다
저 샌님들은 맥주 애호가
작은 잔 큰 거 둘 다 준비하거라

포도주는 고급스럽고
양주는 도수가 높으니
알아서 잔 챙기라 해라

잔을 비운 지 한참인데
아직도 채워지지 않는구나
시간 있는지 여쭤보거라

시를 쓴다는 것

일관성 있게
자기 철학을 하는 것
주변의 모든 것에
관심과 촉수를 두는 것
자신과 모두를
깊게 사랑한다는 것

많이 생각하고
감동의 문구를 배설하는 것
새 것을 만들어내고
미지의 세계로 갈 수 있다는 것
가슴으로 쓰고
마음을 움직이게 하는 것

시를 쓴다는 것
눈과 영혼을 즐겁게 한다는 것

신호등

반듯하게 가려는데
멈추어 서란다
돌아서 가려는데
움직이지 마란다

강한 명령을 받아
지시에 순응하며
변검을 지켜보듯
끔뻑거림도 없다

지금까지
남이 시키는 것을
따른 적이 없는데
건너는 것도 명령이다

만물의 영장과
위대한 발명품을
마음대로 조종하는
빅 브라더가 분명 있다

엄지발가락

가장 가까이 있으면서
피를 나누기엔 먼 사이
그래도 이 세상에서
한 몸 같은 일란성 쌍둥이

항상 나란히 서며
키가 조금이라도 더 컸는지
톱이 더 길어났는지
서로 맞추려고 하는 곁눈질

언제부턴가 모양이 틀어지는
무좀 먹은 오른쪽 작은 발가락들
잘 버텨온 수년의 시간
헛되어버린 가슴 졸인 순간들

주인 의지와 상관없이
시작되는 이상한 성형수술
일란성 이란성 아닌
예쁜이와 못난이 형제

오른쪽에 행여 닿을세라
잘못되어 똑같이 못날세라
자기 쪽만 쳐다보며
눈길 한번 주지 않는 왼쪽 엄지

물기 닦아내는 수건
항상 먼저 차지하는 왼쪽
지켜보며 참아내며
다시 예뻐질 날 기다리는 오른쪽

두 엄지발가락은
태생은 일란성 지금은 이방인

완벽한 얼굴

나름 생겼군요
부메랑 비슷한 잘 구부러진 눈썹
성냥 여러 개 올려도 버티는 긴 속눈썹
적당히 커서 영특하고 진솔하게 보이는 눈
그런대로 주름 잡힌 자연산 쌍꺼풀
약간 두툼하여 섹시하게 보이는 입술

약간 손대 주세요
보조개가 한쪽만 있으니
다른 쪽도 똑같이 예쁘게 파주세요
콧대는 약간 높아 멋있지만
콧구멍-홈을 옆으로 2㎜씩 늘여주세요
여자는 화장발이지만 남자는 머릿발이니
심든지 쓰게 하든지 해주세요

나이가 무슨 상관 있나요
이제 완벽한 얼굴이 되었으니
아이돌 가수나 탤런트 시켜주세요

잠 못 이루는 밤에

숙면은 취하지 못해도
꿈을 꿀 수 있어 좋다
시를 지을 수 있어 좋다

언제부턴가
새벽 시간에 잠을 깨어
과거와 미래를 떠올리며
꿈을 꾸고 시를 쓴다

피곤하게 보인들 대수인가
초췌하게 보인들 무엔가
이루지 못한 꿈을 꾸어보고
멋진 시를 지을 수 있는데

잠 못 이루는 숱한 밤에
꿈도 꾸고 시도 쓴다

주차 공간

머리부터 넣으려니
나갈 때가 걱정이고
엉덩이부터 넣자니
꽃과 나무에 미안하다

폭이 좁은 곳에선
줄타기 균형 맞추듯
왔다 갔다 반복하면서
내릴 때 숨 참고 몸 압축 한다

다른 차가 막고 있으면
솟구치는 짜증 참아내며
젖 먹던 힘까지 끄집어내는
차력사로 변신 한다

차는 네모지만
세모 동그라미 공간 함께 하면
선택의 재미 마음의 여유 갖겠다

폭설

밤사이, 온 대지가 하얗다
검은 어제를 묻어버린 오늘
하얀 솜사탕으로 소복이 쌓여 있다

집안에 갇혀도 좋다
걷는 게 힘들어도 좋다
온통 하얀 아름다움이 있으니

눈이 검지 않아 다행이다
검정 세상으로 오늘이 덮였다면
너와 내가 검게 변했을 거다

검은 세상에 휘둘리어
검게 변해가는 나의 눈과 마음이
더욱 검게 타고 있을 거다

하얀 세상을 보면서
눈을 깨끗하게 씻어야겠다
검어져 가는 마음을 닦아 내야겠다

허수아비

모자 새것 쓰고
반듯하게 잘 차려진 옷 입고
양팔 마음대로 움직이면서
가을 햇살 맞고 싶다

들판에 잘 익은 곡식
남아돌아 버리기 전에
자연과 함께 나누며
친구 하고 싶다

낡은 밀짚모자 쓰더라도
헌 바지 팔에 걸치더라도
기약 없이 양팔 벌리더라도
하의실종만은 면하고 싶다

4부

홍일점

내가 가는 길

인생을 이어가는
삶의 고리
수없이 펼쳐지는 영화 속 장면

제안되는 새로운 길
갑자기 마주친 선택의 순간
상상해 오던 방향과 크게 달라
깊어지는 고뇌

이 고리로 엮을까
저 고리로 엮을까
어떤 모습으로 이어갈까
그 고리를 선택하면 어떻게 될까

결정을 해야 할 시간
어떤 고리로 연결하더라도
가지 않은 길은
생애 최고의 선택

그립습니다

사랑과 헌신으로 키워주신
어머님이 그립습니다

외로운 시기에
우정과 배려로 지켜준
친구들이 그립습니다

따뜻한 가르침으로 이끌어주신
은사님이 그립습니다

가르침의 열정에
존경과 순수한 사랑으로 대해준
제자들이 그립습니다

좋은 사람 미운 사람
따지지 않고 함께 했던
동심의 시절이 그립습니다

그녀가 없다는 것

지금이 아닌 과거
안중에 없는 생계 걱정
젊다고 목에 힘주던 지아비

어여쁜 젊은 날
분 바르고 예쁜 옷 입고서
다정하게 나들이하고 싶던 그녀

알고도 모른 척
멋있는 한량 소리 들으며
제 잘난 맛에 설치던 지아비

자식들 잘되기만 바라며
허리 굽히고 어깨 힘주면서
몸 오그리며 일만 했던 그녀

지아비 이마에 주름지고
지아비 얼굴에 검버섯 생기니
어느 날 갑자기 옆에 없는 그녀

끼니때마다 헤매는 손길
점점 부풀어 오르는 공허함
속절없이 무너지는 젊은 시절

그녀가 없다는 것
사무치게 후회한다는 것
애틋함에 잠 못 이루는 나날

나리꽃과 해바라기

예쁜 얼굴에 회색 음영 넣고
고운 눈망울에 잿빛 물 담고
단정한 자세에 그림자가 드리우는
너의 이름은 나리꽃

말투에 괴로움이 섞여 있고
표정에 외로움이 스며 있고
모습에 그리움이 묻어 있는
너의 이름은 나리꽃

부모님이 만든 고통 머리에 이고
세상 어려움 혼자 등에 업고
대화를 다리에 묶어 버린
너의 필명은 나리꽃

그런 너에게
희망의 빛으로 나타나
밝은 색으로 채워주는 나를
해바라기라 불렀지

보라색 펜을 더 좋아하고
편지 속에 시를 넣기 시작하고
필명, 은은한 매력으로 다가가는 나리꽃

밝고 맑게 변하는 너를 보면서
내 가슴 깊은 곳에 메아리치는 소리
나리꽃의 영원한 해바라기

단식의 슬픔

혼자 드시라 차려드리고
깨끗하게 비워진 그릇 보면서
식사 잘 하신다 착각한 아들

치매의 고통에서 벗어나고
아들의 고통을 덜어주려
배고픔 견디며 굶고 또 굶어
세상 등지신 어머니

배고프다 느껴질 때
먹지 않고 참아봅니다
배가 많이 고파 먹고 싶지만
다시 굶어봅니다

이십 년 세월이 흐른 지금도
어머니는 항상 배가 고프십니다
어머님이 배부르다 느끼시면
그 때 아들도 배불리 먹겠습니다

리더의 자격

리더를 생각할 때
떠오르는 학창시절

한 개 부족한 도시락
먼저 챙겨놓고 나누는 소인배
평생을 후회하며
대인배가 되려는 마음가짐

주변에 보이는
위선의 가면을 쓴 무리들

기본을 무시하며
리더라고 우쭐대는 모리배
조직을 위한답시고
모른 체하며 어울리는 간신배

리더의 자격
소인배 모리배 아닌 대인배 되는 것

부부유별

무촌無寸
함께하면 가장 가깝고
헤어지면 따질 수 없는
어려운 관계

부夫,
내 것 지키며
풍요롭게 유지하려는
종족 보존의 본능

부婦,
제 몸에 열 달 채운
자식 먼저 챙기며
자기방어의 본능

음양, 암수, 일월, 조석
모든 것이 조화되니
부부도 유별類別하여
존재하는 세상

사제師弟의 정

미성숙을 상대하는 것
기성인의 젖은 눈을 버리고
미숙함에 맞춰 보아야 한다는 것

학창시절 어려움을
성공으로 이겨낸 제자에게
박수 보내는 즐거움

가슴에 남아있는
아픈 기억의 제자에게
유감 전하는 미안함

마음 깊이 간직해 온 문구
학생을 사랑할 의무는 있으나
미워할 권리는 없다

선녀 이야기

선녀는 옛날에만 존재하고
산속 깊은 곳에만 있으며
나무꾼만 만날 수 있다고 생각했다

외로움에 사무치는 나날들
괴로움에 힘들었던 시간들
저 세상을 동경하며 망설이던 순간들

내가 사는 이곳에
선녀가 나타났다

선녀도 행복하진 않나 보다
얼굴과 마음씨는 하늘나라 선녀인데
외로움과 괴로움이 가득하다

나무꾼이 되기로 했다
선녀도 나무꾼의 선녀가 되기로 했다
둘이 함께하는 이야기가 선율을 따라
온 하늘에 아름답게 퍼져 나간다

이별

심장이 아리고
오감이 막히고
조금만 생각해도
적셔지는 눈시울
언젠가 그러려니 하면서도
미운 현실

이미 주어버린
정을 끊으려니
골백 번 다짐한들
수천 번 마음한들
가라앉지 않고 들먹거리는
미운 가슴

세상을 버려도
영혼에 담길 이별의 아픔

아름다운 삶

지학志學의 나이엔
산다는 것이
많이 먹고 좋은 옷 입고 싶고

약관弱冠의 나이엔
꿈을 꾸고 사랑을 속삭이며
미래의 희망을 그려보았고

이립而立의 나이에
종교와 현실의 갈등에
신과 인간의 두 모습을 갖고 싶고

불혹不惑의 나이에
처지를 비관하며
병약한 모친의 소천을 바라다가

지천명知天命을 못하고
홀로 생활하며
외로운 기러기가 되어버린 여정

인내하며 스쳐가니
이순耳順에 즐거움
다가오는 고희古稀엔
가슴 뛰며 기대되는 아름다운 삶

인생이란 1

인생이란
허무하고 덧없는
풀잎에 맺힌 이슬
뿌리없는 평초萍草

인생이란
자신 이외의 피조물과
끊임없이 이어지는
관계 맺기

인생이란
사람과 사람, 사람과 생물,
사람과 사물 사이에
공간 만들기

인생이란
태어나지 않고
살아있지 않으면 나눌 수 없는
소중한 가치

인생이란 2

세상을 보면서
세상을 살아가는 일

해와 달 그리고 별처럼
날마다 반복되는 것

구름과 바람같이
정처없이 움직이는 것

흐르는 물처럼
주어진 길따라 표류하는 것

계절을 따르는 꽃처럼
화사함과 시들음을 반복하는 것

인생이란
따뜻한 만남
소중한 인연
아름다운 애정을
가슴 깊이 간직하는 것

인연因緣

옷깃만 스쳐도
흘러야 하는 억겁의 시간

얼굴 마주하며
주고받은 눈빛은
수 없이 지나야 하는 억겁

탯줄을 자른들
끊을 수 없는 어미와 자식의 연
미워하며 헤어진들
평생 지워지지 않는 첫사랑의 연

사람을 만났다는 것
인연을 갖는다는 것
악연은 생각하고 싶지 않다는 것
아름다운 삶의 한 부분으로 꾸미고 싶다는 것

인연의 맺음은
오각을 자극하는 가장 달콤한 삶

종이 한 장 차이

이등병과 4성 장군
나란히 서서 소변보기

조교와 대학총장
함께 앉아 폭탄주 돌리기

촌로와 지방군수
갑장 모임 친구하기

잡범과 대통령
같은 교도소 수감되기

남자와 여자
성폭력 피해자 가해자

작은 천사가 되고 싶은 아이

수신인
반짝이는 옥돌
발신인
작은 천사가 되고 싶은 아이

수필같은 내용
시인이 쓴듯한 자작시
성장기 아픔과 혼돈을 표현한
꾸밈없는 순수함

떠오르지 않는 얼굴
보내왔던 여러 통의 편지를
30년 세월 동안 읽고 또 읽으며
찾아 헤매는 실루엣

우연한 사물정리
발견되는 편지 한통
마무리에 적힌
작은 천사 아이의 실명

덮쳐오는 발견의 희열
마음 깊이 우러나오는 감정
어딘가에 살고 있을
아름다운 천사를 향한 시흥

장날

오일장
삼이장
상설시장

고급스럽진 않아도
정감이 오가는 전통시장

채소파는 할머니
지난 장에 기침하셨는데
오늘 나오시려나

장옥없이 행상하시는
수염 아저씨
오늘은 많이 파셔야할텐데

고향이 같지 않아도
마음으로 주고받으며
서로를 챙겨주는 장날

참회의 기도

유한한 인간의 연약함을 이용하여
경제가 어려운 사람을 구휼하지 않고
교회나 사찰 크기에만 집착하는
종교인들의 탈선을 용서하소서

복잡한 사회에 휘둘리는 시민에게
어려움을 해결하려는 의도 없이
자리나 권력 탐욕에만 관심 있는
정치인들의 사욕을 용서하소서

오직 자신의 욕심을 채우기 위해
빈부 남녀 노소를 따지지 않고
선량한 사람들에게 해를 일삼는
범죄자들의 악행을 용서하소서

사회에 만연한 잘못을 보면서도
행동으로 나서는 용기를 갖지 못하고
글이나 말로만 잔소리 하고 있는
저의 비겁함을 용서하지 말으소서

참척慘慽

세상의 어떤 부모가
하나도 아닌 둘을 그러고 싶었겠는가

약관의 나이에
절친의 배신으로 먼저 간 큰 아들
지학의 나이에
동생 구하려 몸을 던진 둘째 아들

세상의 모든 부모처럼
어머님인들
그 고통을 견뎌낼 자신도 없으면서
먼저 보내고 싶었겠는가

이 세상을 등지기 전까지
어머님이 이고 지고 계셨던
업보 아닌 업보를
함께 해드리지 못함의 막급한 후회

이제라도
어머님께 떼를 써야겠다
지금 계시는 그 곳에선

이고 졌던 고통을 모두 벗으시라고

남녘南의 어느 하늘에서
순박한 선녀順仙로 지내시다가
다음 생엔
참척의 고통 없는 어머니가 되시라고

한라산 연가戀歌

지금까지 살아오면서 다시 가고 싶은 그 순간
한라산 중턱에서 그녀와 함께 한 시간
초점없이 파란 하늘만 쳐다보고 있었다

지금 살아가고 있지만 항상 머릿속에 있는 그 순간
백록담 내려오는 길 중간의 그 시간
멍하게 푸른 바다만 바라보고 있었다

높이 떠 있는 구름 속 선녀가
착한 나무꾼님 용기 내어 손을 잡아보라는 데
마른 침 삼키면서
풀만 만지작거리고 있었다

멀리 보이는 바닷속 해녀가
순박하게 보이는 삼촌 용기 내어 안아보라 해도
뛰는 가슴 억누르며
혼자서 팔베개 하고 있었다

앞으로 살아가며
몇 번이나 더 그 모습을 떠올리며
얼마나 자책해야 될까

다시 기회가 주어진다면
멋있는 나무꾼 용기 있는 삼촌이 될 수 있겠는데

다시 가고 싶은
한라산 내려오던 그 순간이여

최고의 인연因緣

태어나기 전에는
어머님과 한 몸이었습니다
탯줄을 끊을 때
우리는 남남이 되었습니다
살아가면서
모른 체 하셨어야합니다
그랬으면
더 효도하고 챙겨드리는
자식과 살으셨겠지요
그랬으면
한 번 당하신 참척의 고통을
다시 겪는 일은 없었을겁니다
그랬으면
그토록 원하셨던
며느리가 끼워준 팔짱에
손주들과 성당에 가셨을겁니다
탯줄을 자르는 그 순간
어머님과의 연도 끊어져야했습니다

홍일점

맛스러운 식당에 파란 점들이 모였다
같은 색이니 옷 색깔 말 색깔에
신경 쓸 일이 없어 편하지만
오고 가는 분위기가 왠지 딱딱하다
한 가지 색만 있어 수수할 것 같은데
생각 나름이지만 아닌 것 같다
신선한 푸르름으로 위안이 되었다

빨간색 한 방울이 자리를 물들인다
파란 점들의 자세와 말투가 진해지고
이전과 다르게 고상한 모습을 보인다
변검을 멈추고 파란색만 보여 준다
인간이 한 가지 색만 존재하지 않도록
파랑에서 빨강을 뽑아내겠다고 결심한
조물주의 현명함에 찬사를 보낸다

| 작품론 |

삶의 방식 탐구와 자연과 사물에 대한 상상력

- 김해민 시집『나리꽃과 해바라기』

강 경 호
(시인, 한국문인협회 평론분과회장)

1.

오늘날 우리 지구촌은 갈등과 불화, 분노가 가득찬 세계이다. 전쟁을 통해 무고한 시민들이 죽어가고 물질적 풍요를 누리고 있지만 다른 한켠에서는 많은 사람들이 굶주리고 병들어 목숨을 잃어가고 있다. 인간중심적 사고로 인한 폐해로 수많은 자연의 종이 멸종되어가고 있어 탈근대를 부르짖고 있다. 그러나 아직도 근대에 이르지 못한 시대에 김해민 시인은 참된 인간의 모습과 아름다운 자연의 진실을 노래하고 있다. 인류의 역사에서 수많은 서정시가 씌어졌지만 인간은 여전히 미개와 야만의 시대를 벗어나지 못하고 있다. 그러므로 서정시는 시인들의 넋두리여서 무용지물에 지나지 않을 수도 있다. 그럼에도 서정시는 가장 아름다운 인간의 원초적인 모습을 그리워하며 삶의 본질을 묘파하고 있는 것 또한 사실이다. 그러므로 김해민 시인의 첫시집 『나리꽃과 해바라기』는 인간의 가장 순수한 마음을 드러내는 행위이며 왜곡되고 모순된 인간의 그늘을 상쇄하는 정화기제가 될 것임을 의심하지 않는다.

김해민 시인의 시세계는 삶의 여러 양태를 진솔한 마음으로 살피고 있다. 또한 그의 시는 주변에서 쉽게 만날 수 있는 자연을 관조하며 시인 나름대로 해석하고 있다. 이번 시집에서 드러난 또 다른 시적 경향은 생명을 갖고 있는 사물에 대한 시인의 상상력이 사물의 본질을 잘 형상화시키고 있다. 그리고 오늘 시대에 대두되고 있는 생명성에 대한 앙양을 시인은 생태학적 상상력을 통해 깊이 사색하고 있다.

2.

인간이 뭇 생명체와 다른 것은 사유한다는 것이다. 특히 시인은 상상력을 통해 인간과 자연, 그리고 사물이 지닌 내면에 깃든 어떤 진실을 발견하는 예지를 지녔다. 특히 김해민 시인의 시에서 가장 큰 관심을 보이고 있는 시적 경향은 인간의 삶에서 파생되는 여러 실존의 모습을 형상화시키고 그것들을 통해 조성되는 정서를 시인의 개성으로 노래하고 있는 점이다.

인생을 이어가는
삶의 고리
수없이 펼쳐지는 영화 속 장면

제안되는 새로운 길
갑자기 마주친 선택의 순간
상상해 오던 방향과 크게 달라
깊어지는 고뇌

이 고리로 엮을까
저 고리로 엮을까
어떤 모습으로 이어갈까
그 고리를 선택하면 어떻게 될까

결정을 해야 할 시간
어떤 고리로 연결하더라도
가지 않은 길은
생애 최고의 선택

-「내가 가는 길」 전문

인간의 삶은 매번 선택의 과정이다. 이러한 선택의 순간들이 이어져 어떠한 형태든 삶을 완성한다. 이러한 모습에 대해 시적 화자는 "수없이 펼쳐지는 영화 속 장면" 같은 것이라고 하고 있다. "제안되는 새로운 길"도 있지만 "갑자기 마주친" 길도 있다. 선택의 결과가 "상상해 오던 방향과 크게 달라" 고뇌가 깊어지기 마련이다. 삶의 연속성의 과정을 '선택'이라고 인식하는 화자는 삶을 '고리'라고도 말한다. 그런 까닭에 "이 고리로 엮을까/저 고리로 엮을까" 하고 끊임없는 최선의 선택을 하고자 한다. 그러는 과정에서 "어떤 모습으로 이어갈"지 "그 고리를 선택하면 어떻게 될"지 고심하는 것이다. 그럼에도 언젠가는 "결정을 해야 할 시간"이 올 수밖에 없다. '선택'이라는 결정을 하게 되면 후회할 수도 있고, 그렇지 않을 수도 있다. 그리고 선택의 결과에 대해 스스로가 결정한 일이므로 자신이 책임져야 한다. 화자는 "내가 가는 길" 즉 결정한 것을, "생애 최고의 선택"이라고 한다. 삶의 주체가 되고자 하는 화자의 의지가 엿보이는 대목이다.

다음의 「나리꽃과 해바라기」는 '나리꽃'과 '해바라기'라는 시적 대상에 시적 화자와 시적 화자에게 희망을 건네주는 또 다른 대상으로 이입시켜 결과적으로 희망을 노래하고 있다.

예쁜 얼굴에 회색 음영 넣고
고운 눈망울에 잿빛 물 담고
단정한 자세에 그림자가 드리우는
너의 이름은 나리꽃

말투에 괴로움이 섞여 있고
표정에 외로움이 스며 있고
모습에 그리움이 묻어 있는
너의 이름은 나리꽃

부모님이 만든 고통 머리에 이고
세상 어려움 혼자 등에 업고
대화를 다리에 묶어 버린

너의 필명은 나리꽃

그런 너에게
희망의 빛으로 나타나
밝은 색으로 채워주는 나를
해바라기라 불렀지

보라색 펜을 더 좋아하고
편지 속에 시를 넣기 시작하고
필명, 은은한 매력으로 다가가는 나리꽃

밝고 맑게 변하는 너를 보면서
내 가슴 깊은 곳에 메아리치는 소리
나리꽃의 영원한 해바라기

-「나리꽃과 해바라기」 전문

이 작품에서 '너'는 '나리꽃'을 말한다. "예쁜 얼굴에 회색 음영 넣고/고운 눈망울에 잿빛 물 담고/단정한 자세"의 너의 이름을 '나리꽃'이라고 하고 있다, 나리꽃의 모습을 그림그리듯 시각적 이미지로 형상화하고 있다. 2연에 이르면 "말투에 괴로움" "표정에 외로움" "모습에 그리움"이 나리꽃에 묻어난다고 한다. 의인법을 통해 드러낸 나리꽃의 심상에 내재한 복합적인 감정을 괴로움, 외로움, 그리움이라고 읽는다. 그런데 2연에 나타난 '나리꽃'은 시인이 의인화법을 구사하였다 하여도 '나리꽃'이라는 현상적으로 나타난 식물성만을 노래한 것이 아님을 알 수 있다. 이쯤에 이르면 '너', 즉 '나리꽃'이라는 대상이 '사람'임을 짐작하게 한다. 이러한 사실을 3연에 이르면 더욱 명확해진다. "부모님이 만든 고통 머리에 이고/세상 어려움 혼자 등에 업고/대화를 다리에 묶어 버린/너의 필명은 나리꽃"은 화자와 가까운 관계를 맺고 있는 누군가이다. "그런 너에게/희망의 빛으로 나타나/밝은 색으로 채워주는 나"인 것이다. 즉 '해바라기'이다. 해바라기는 태양을 바라보며 살아가는 향일성 식물이다. 그러므로 나는 너의 해바라기라고 할 수 있다. 너를 바라보며 희망의 메시지를 주는 존재인 것이다. 실제로 '나리꽃' 곁에 피어있는 '해바라기'의 모습으로 읽을 수 있다. 서정시는 기표基表만을 노래하는 것이 아니다. 기표 이면의 진실인 '기의基意'를 함의할 때 시적 외연이 넓어지고 시적 깊이와 무게를 획득할 수 있기 때문이다.

그러나 이 시의 배경에는 부모의 불화로 사춘기 시절을 방황한 소녀와 편지를 나눈 소년이 있다. 이 시집의 '시인의 말'에 의하면 편지를 나눈 소녀의 필명은 '나리꽃'이고 소년의 필명은 '해바라기'이다. 수십 년 전의 순수한 마음을 나눈 시인의 이야기일지도 모른다. 참으로 애틋함이 배어있는 작품이다.

「참척慘慽」은 자식이 부모보다 먼저 세상을 떠나는 일을 말한다. 그 슬픔과 아픔이 얼마나 크겠는가. 그것도 둘이나 앞세웠으니 상심이 컸을 것이다. 이러한 아픔을 곁에서 바라보는 화자는 슬픔으로 세상을 살다가 떠난

어머니의 마음을 통한의 심정으로 토로한다. 「인생이란」 연작시에서는 인생이 무엇인지에 대해 다양한 모습으로 그려내고 있다. 「인연」에서는 사람이 누군가와 관계짓는 감정을 심도있게 살피고 있다. 「참회의 기도」는 사회적 약자들에 대한 연민과 물질적 탐욕에 어두운 종교에 대해 질타하고 범죄자의 악행을 용서해주시라고 기도의 형식으로 노래하고 있다.

3.

아리스토 텔레스는 『시학』을 통해 '시는 자연을 모방한다'하였다. 이러한 명제는 2500년이 지난 오늘에도 유효하다. 자연은 불변의 정신으로 정직하다. 그러므로 고래로부터 수많은 시인들이 자연을 노래해 왔다. 이는 자연의 특성을 배우고자 함이다. '사군자'는 물론 커다란 바위, 강물, 산 등 주변에서 흔히 만나는 자연을 시 속으로 끌어들여 자신의 메시지를 비유, 혹은 은유적으로 표현하였다. 그리고 인간이 지은 것일지라도 명승지의 건축물을 포함한 모든 사물들도 시적 대상으로 할용하였다.

계곡에 뻗어있는
구불구불한 공간을 품고
단아하고 기품있게 자리 잡은 소沼
쉽게 보이는 바위를 숨기고
아무것도 없다는 듯

담아둔 짙은 푸르름

삼백오십 리 영산강의 출발선
두려워하지 않는 긴 여정
담담하고 조용하게 내보내는 줄기
한때 이 골짜기에서 벌어진
민족상잔의 아픔을
깊숙이 간직하고
잔잔한 모습으로 맞아주는 평온

시작은 옹달샘이지만
마침내 거대한 강물이 되는

-「가마골 용소」 전문

"삼백오십 리 영산강의 출발선"이라고 형상화 시킨 전남 담양군 용면 용연리의 가마골은 영산강의 시원이 되는 장소이다. 시원지始原地는 사물이 시작되는 지점을 말한다. 인류의 시원은 아득한 옛날 원숭이 등 영장류일 것이다. 이처럼 시원지는 무엇인가가 존재하게 하는 출발점이기 때문에 매우 의미있는 시작이다. 화자는 영산강의 시원지인 '가마골 용소'를 바라본다. 그리고 수많은 생각에 빠졌을 것이다. 용소는 가마골이라는 계곡의 구불구불한 공간에 "단아하고 기품있게 자리 잡"고 있다. 영산강이라는 거대한 강줄기를 이루는 첫 시작은 "쉽게 보이는 바위를 숨기고/아무것도 없다는 듯/담아둔 짙은 푸르름"만 보이는 매우 보잘 것 없는 소沼이다. 그러나 삼백오십 리의 대장정을 출발하는 용소에서 흘러내리는 물길을 "두려워하지 않는 긴 여정"이라고 의미를 부여한다. 오늘은 비록 "담담하고 조용하게 내보내는 줄기"이지만, "한때 이 골짜기에서 벌어진/민족상잔의 아픔을" 떠올리며 아픈 역사의 공간임을 상기시킨다. 여전히 "잔잔한 모습"을 지녔고, "평온"하여 언제 민족상잔의 아픔이 있었는가 싶게 말없이 흘러가는 물줄기를 "시작은 옹달샘이지만/마침내 거대한 강물이 되는" 이치를 생각한다.

이 작품은 '용소'라는 작은 옹달샘이 지닌 자연의 모습과 그 이면에 숨겨진 비극성을 통해 자연의 위대함과 더불어 인간의 이념이 얼마나 덧없는지를 말해주고 있다.

「물염정」은 누정이라는 사물이 배태하고 있는 서사와 때묻지 않고 살아가겠다는 의지를 보여주는 작품이다.

> 기품과 평온함이 배어있는
> 김삿갓이 지키고 있는,
>
> 단아한 자세로 앉아
> 물 건너
> 소나무 숲 속 깊은 계곡에서 들려올 것 같은
> 방랑시인 시 읊조리는 소리
>
> 물염적벽의 기암절벽
> 절애의 경치를 바라보니
> 사랑하는 사람들의 스쳐가는 실루엣

살랑대는 봄바람에
시 한 구절 두 구절 떠올리며
탁주 한 사발 들이켜니
별거 아닌 신선놀음

방랑시인에게 잔 권하며
주거니 받거니 벌게지는 시 구절
속세의 부귀영화 부질없으니
세속에 물들지 않으리라

-「물염정勿染亭」 전문

'물염정'은 전남 화순군 이서면 창랑리에 있는 정자이다. 담양 출신 송순이 16세기에 '세상의 어떠한 것에도 혹하지 않고 물들지 않겠다'는 생각으로 정자를 짓고 은일한 삶을 살았던 건축물이다. 시인은 물염정에서 옛사람들을 만나고 물염정이 함의하는 정신성에 동화되고자 한다. 물염정엔 김삿갓 김병연의 상像이 있고 시비가 있다. 150여 년전 이곳에서 가까운 동복 둔동마을에서 살다가 목숨을 다했다. 그의 불우한 생과 뛰어난 문학성을 기억하는 화자는 "소나무 숲 속 깊은 계곡에서" "방랑시인 시 읊조리는 소리"가 들릴 것만 같다고 김병연을 생각한다. 아름다운 물염적벽의 풍광을 바라보니 "사랑하는 사람들의 스쳐가는 실루엣"이 느껴지고 봄날 시 한 구절을 떠올리며 "탁주 한 사발 들이켜니" 이것이 신선놀음이라며 인간의 삶이 무슨 대단한 것이냐고 스스로에게 묻는다. 생生의 본질을 묘파하는 이 작품은 "방랑시인에게 잔 권하며/주거니 받거니"하며 벌게지니, 속세의 부귀영화 부질없으며, "세속에 물들지 않으리라"고 다짐한다. 물염정이라는 사물과 그 사물에 얽힌 이야기를 되새기며 인간이 어떻게 살 것인가에 대한 사색이 묻어나고 있다.

「싸목싸목길」에서는 길을 가며 만나는 자연 풍광과 누정, 저수지, 나무들, 포의사 등을 바라보며 자연의 아름다움과 역사성을 형상화시켰다. 「원림 찬가」 연작 또한 자연과 사물을 통해 배태되는 인간애와 인정, 그리고 역사성을 그리고 있다. 「환벽당 꽃무릇」, 「죽녹원」 등 시인이 살고 있는 주변에 있는 자연과 사물들에서 그것들이 지닌 생태적 특징에서 아름다움을 읽어내고 여러 가지 이야기를 통해 궁극적으로는 인간의 삶을 노래하고 있다.

4.

김해민 시인의 이번 시집에는 과학문명으로 성취된 사물들이 많이 등장한다. '가로등', '공중전화부스', '자전거', '진공청소기', '폐타이어', '신호등', '안경' 등이 그것들이다. 자본문명 시대의 산물들이 이러한 사물들에 대해 일반적으로 시인들은 자본주의의 폐해를 비판적인 시선으로 노래한 모더니즘적인 경향을 보여왔다. 그러나 김해민 시인은 이러한 사물들이 지닌 본질을 탐구하고 있어 기존의 우리 문학사에 출현하는 모더니스트들과는

다른 양상을 보여 주목된다.

백주에
아스팔트 도로 위
검은 그림자가
마른 장승처럼 나타난다
일정한 간격으로 줄지어
거의 움직임 없이 서 있다
듬성듬성 구름 낀 날
숨바꼭질하다가
일란성 다둥이들이
잘 생겼다고 타시락거린다
아무리 보아도
차이를 발견할 수 없지만
햇빛 반대 방향으로 맞서면서
해가 지기를 기다리며
무료하고 뻘쭘하게
참고 있는 모습이 안쓰러워
모두에게
더 멋있다고 속삭였다

-「가로등」 전문

한낮에 아스발트 도로 위에 검은 그림자를 드리우고 있다. 일정한 간격을 유지하며 가로등이 서 있는데 마치 마른 장승처럼 그림자가 보여지는 모습을 시각적 이미지로 그렸다. 본래 가로등은 밤에 빛을 내어 거리를 밝히는 바, 화자는 빛에 의해 생긴 가로등의 그림자를 주목하고 있다. 일종의 인상파 화가들처럼 빛의 유희를 포착한 것이다. "듬성듬성 구름 낀 날", 즉 날씨가 흐려 햇빛이 없는 날은 "숨바꼭질" 하다가 햇빛이 비추면 가로등들은 길가에 그림자를 드리운 똑같은 모습들이 "일란성 다둥이" 같다. "아무리 보아도/차이를 발견할 수 없"다. 이러한 풍경은 단지 현상적으로 나타나는 가로등과 그것들을 닮은 그림자들이 보여주는 모습일 뿐이다. 가로등은 "햇빛 반대 방향으로 맞서면서/해가 지기를 기다"린다. 가로등 그 이면에 깃든 본질을 드러낸다. "해가 지기를 기다리"는 행위는 어둠이 내리면 비로소 가로등의 가치가 빛나는 것을 화자는 이 작품의 메시지로 삼고 있는 것이다. 그러면서도 화자는 어두워지기를 기다리며 "참고 있는 모습이 안쓰러워" 함으로써 연민의 감정을 담아내고 있다.

「공중전화부스」는 인간의 관심에서 멀어진 지난 문명의 이기를 안쓰럽게 바라보는 화자의 감정이 녹아있는 작품이다.

> 한때 사람들이
> 무한한 애정으로 드나들던 곳
> 문명의 피해를 비켜가지 못해
> 젊은 세대는 관심 없고
> 드나들던 사람들도 무관심한
> 존재 자체가 궁금한 구조물
>
> 이제는 추억의 장소

사랑하고 미워하는 사람에게
속삭이거나 가슴을 쓸어내리던
혼자만의 공간
현금 지갑 소중한 물건
전화기 위에 올려놓았다가
잃어버려 마음이 서운했던

공중전화부스는
현재가 아닌 과거형

-「공중전화부스」 전문

공중전화가 소통의 도구로 사람들에게 각광받는 시대가 있었다. 길가 이곳저곳에 그 공중전화기를 품고 있는 부스가 소통의 공간으로써 뿐만 아니라 낭만적인 풍경이 되어주기도 하였다. 그런데 이제 철지난 벽보처럼 낡고 버려진 것처럼 느껴진다. 이러한 시대의 흐름을 화자는 "한때 사람들이/무한한 애정으로 드나들던 곳/문명의 피해를 비켜가지 못"했다고 한다. 과학문명의 발달로 출현한 휴대전화가 사람들의 일상이 되어버렸기 때문이다. 그래서 "젊은 세대" 뿐만 아니라, 한때 공중전화부스를 "드나들던 사람들도 무관심한/존재 자체가 궁금한 구조물"로 전락해 버린 것이다. "이제는 추억의 장소"일 뿐이다. 오래된 사물, 그것도 한때 사람들이 애용하던 사물에는 수많은 에피소드가 있기 마련이다. "사랑하고 미워하는 사람에게/속삭이거나 가슴을 쓸어내리"기도 하고, 통화하다가 전화기 위에 지갑이나 소지품을 놓고 그

냥 나왔다가 잃어버리기도 했던 이야기가 깃든 공간이다. 그래서 이제는 '과거형'의 공간임을 화자는 애잔하게 바라보며 추억하는 것이다.

「자전거」에서는 두 개의 바퀴로 쉽게 길을 갈 수 없지만 자전거가 "좁은 골목 울퉁불퉁한 산길/트인 들판을 가로질러 나가는 것이/우리네 인생을 닮았다"고 함으로써 사물에 인간의 삶을 대비시키고 있다. 「진공청소기」는 비교적 최첨단의 도구로 무엇이든 먹어치우는 진공청소기의 속성을 인간의 욕망으로 비유하고 있다. 「폐타이어」는 수많은 길을 질주하다가 낡아서는 "안전보호용"품이 된 폐타이어의 처지를 생로병사를 겪는 인간의 모습에 견줌으로써 그것이 지닌 기호의 의미를 묘파하고 있다.

5.

김해민 시인의 시집에서 매우 가치있는 일련의 시편은 생태학적 상상력이다. 오늘날 전지구적인 위기의 하나인 기후온난화현상은 자연의 일부로서의 인간이 아닌 자연을 지배하고자 하는 인간 때문에 생긴 생태계 파괴가 주된 이유이다. 이러한 시점에 자연이 지닌 진실을 묘파해냄으로써 자연환경을 보전함과 더불어 자연이 지닌 다양한 모습을 포착하고 있다. 때로는 자연을 그대로 바라보기도 하고, 때로는 보이지 않는 이면의 의미를 담아내기도 한다. 한편 우리의 선조들이 자연을 마음에 품고 자연이 지닌 상징적 의미를 읽어냈듯이 자연을 마치 수양하는 수도자처럼 바라보기도 한다. 이는 자연을 실존을 실천하기 위한 하나의 기제로 삼고 싶은 의지를 드러냈기 때문이다.

꽃과 나무들이
화사함을 뽐내는 봄날
눈 밖에 벗어나 메롱스럽게 있다가
작렬하는 폭염에
무더위를 머리로 뿌리치며
바람만 출입시키는 그늘 제작 전문가

땅에서만 놀아도 될텐데
수직으로 성장해도 될텐데
길 없는 공중에 길을 내며
몸 뒤트는 고통을 참는 일생

겨울의 추위에
거죽만 남은 모습이지만
눈송이 살포시 내려앉으면
맑고 깨끗한 한 폭의 수채화

-「등나무」 전문

등나무의 생태적 특징을 그대로 포착해내며, 등나무가 겪는 고통과 노력이 어떤 의미를 말하는지를 형상화시킨 작품이다. "꽃과 나무들이/화사함을 뽐내는 봄날" 사람들의 시선은 꽃과 나무에 간다. 등나무는 사람들 눈 밖에 벗어나 관심 밖이다. "작렬하는 폭염"이 쏟아지는 한 여름엔 "무더위를 머리로 뿌리치며/바람만 출입시"킨다. 이러한 등나무를 화자는 "그늘 제작 전문가"라고 한다. 사람들이 관심을 갖지 않은 식물이지만 무더운 날 바람이 스쳐지나가게 하고 그늘을 만들어 휴식공간을 내주는 등나무의 헌신을 표현하고 있다. 뿐만 아니라 "땅에서만 놀아도 될텐데/수직으로 성장해도 될텐데/길 없는 공중에 길을 내며/몸 뒤트는 고통을 참는" 등나무의 일생은 희생을 통해 뭇 생명체들에게 유익함을 제공하고 있다. 그리고 "겨울의 추위에/거죽만 남은 모습"이 되어 "눈송이 살포시 내려앉"는데, 이렇듯 추운 겨울을 인내하는 벌거숭이의 모습이 "맑고 깨끗한 한 폭의 수채화"라고 하며 화자는 등나무의 사계四季에 긍정적이고 헌신적인 의미를 부여하고, 끈질긴 생명력과 아름다운 모습을 통해 자연의 진실을 묘파해내고 있다.

「코스모스」도 앞의 「등나무」처럼 의인화법을 구사하여 '코스모스'에 새로운 생명성을 부여하고 있다.

곁에 두고 싶어도
길가에 있어야 아름답기에
멀리서 바라만 보는 사랑

분홍 드레스 입은 소녀
빨간 원피스 입은 소녀
하얀 저고리 입은 소녀

한들한들거리는 수줍은 순정
간들거리면서도 말못하는 순애보

가을 햇살이 되어
너의 볼 만지고 싶다
부드러운 바람이 되어
가냘픈 너와 춤추고 싶다

-「코스모스」 전문

코스모스를 바라보는 화자는 전통적인, 순애보적인 감정을 지닌 존재이다. "곁에 두고 싶"은 욕망을 지녔지만 "길가에 있어야 아름답기에/멀리서 바라만 보는 사랑"이다. 코스모스를 "분홍 드레스 입은 소녀/빨간 원피스 입은 소녀/하얀 저고리 입은 소녀"라고 함으로써 색채감각적으로 코스모스를 이미지화하는 화자의 감정은 대상을 정숙한 존재로 인식한다. 그러므로 함부로 할 수 없는 감정의 거리를 유지함으로써 시적 대상인 코스모스가 지닌 정숙한 소녀의 상을 그려낸다. 그런 까닭에 "한들한들거리는 수줍은 순정/간들거리면서도 말못하는 순애보"가 화자가 바라보는 저만치 거리에 있는 코스모스의 존재이다. 그럼에도 화자 내면에 깃든 욕망은 "가을 햇살이 되어" 코스모스의 볼을 만지고 싶다. "부드러운 바람이 되어/가냘픈 너와 춤추고 싶다"며 자신의 감정을 표출한다. 이러한 원초적인 감정이 지금까지 보아온 코스모스에 대한 관념과는 어느 정도 거리를 둔 것이어서 참신하게 다가온다.

「구절초」에서는 가을 언덕에 핀 구절초가 바람에 춤을 춘다. 애잔하고 연약해 보이지만 여름을 견딘 힘으로 상큼한 향기를 풍긴다고 한다. 「산수유」에서는 봄날 노랗게 꽃을 피우는 여름날 강렬한 태양으로 붉은 열매를 맺은 산수유의 생명력을 형상화시켰다. 「메타세쿼이어」 연작들은 봄 · 여름 · 가을 · 겨울을 노래한 각각의 작품들에서 계절별로 변신하며 생명력과 활기를 보여주는 메타세쿼이어가 지닌 힘의 원천을 형상화시키며 자연의 위대함을 드러내고 있다.

6.

서정시는 인간의 감정을 언어로 형상화시킨 예술장르이다. 인간은 오욕칠정五慾七情을 가진 존재이기 때문에 수많은 감정을 표출한다. 이러한 감정들을 절제할 줄 아는 것도 인간이다. 그러므로 어떻게 감정의 조화를 잘 이루려하는 것이 인간다움이다. 시인의 언술행위는 감정의 조화를 잘 조절하는 언어마술이다. 절제를 통해 감정을 잘 조절하는 시인의 시와 삶은 일치를 이루기가 쉽다. 궁극적으로 시는 실천덕목이어서 시를 통해 우리가 어떻게 살 것인가를 끊임없이 질문하고 대답을 구한다.

김해민 시인의 시적 경향은 인간과 자연, 그리고 그것들이 지닌 생명성에 관한 모색이며 성찰의 모습을 보여준다. 인간의 삶에 대해 진지하게 질문하는 시편들에서는 참된 나를 발견하고자 하는 의지가 강하다. 늘 스스로 삶을 결정해야 하고 인생이 무엇인지, 누군가와의 관계

유지, 사회적 약자에 대한 연민 등 삶의 본질을 탐구하고 있다. 자연을 노래한 시편들에서도 바위, 강물, 산 등 자연을 시 속으로 끌어들여 자연과 인간의 동일성을 시도하고 있다. 한편, 과학문명으로 성취된 가로등, 공중전화 부스, 자전거, 진공청소기, 폐타이어, 신호등, 안경 등의 사물에 대해 모더니즘적인 관점으로 바라보지 않고 사물이 지닌 본질을 탐구하고 있다. 생태학적 상상력을 노래한 시편들은 매우 귀한 것들이다. 오늘날 인간의 탐욕으로 인해 기후온난화현상으로 지구촌에 여러 가지 재앙이 닥치고 있기 때문이다. 이러한 시점에 자연이 지닌 진실을 묘파해냄으로써 자연환경보전과 더불어 인간과 자연의 상생을 꿈꾸고 있다.

그리고 김해민 시인의 시는 독자친화적이어서 시 읽기가 어려워진 시대에 그의 시는 독자들을 끌어들이는 일상어를 능숙하게 구사하고 있다.